MAZE

FOR KIDS

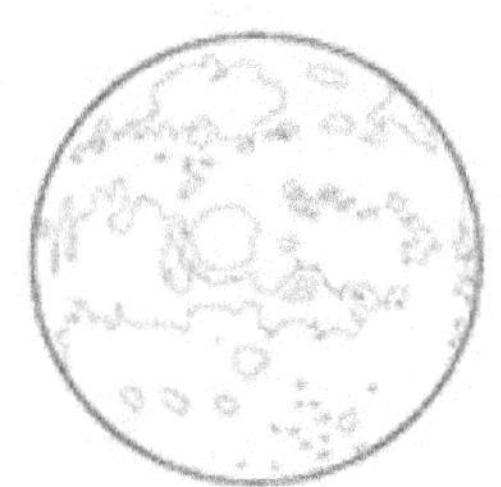

MAZE BOOK

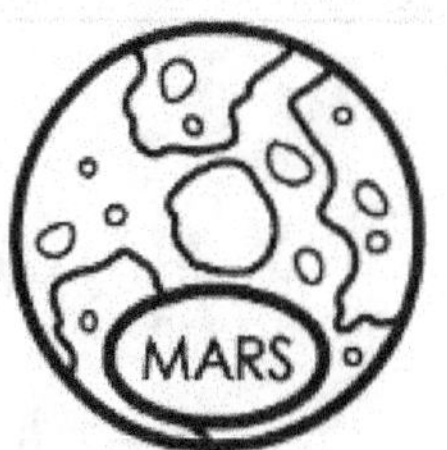

MARS

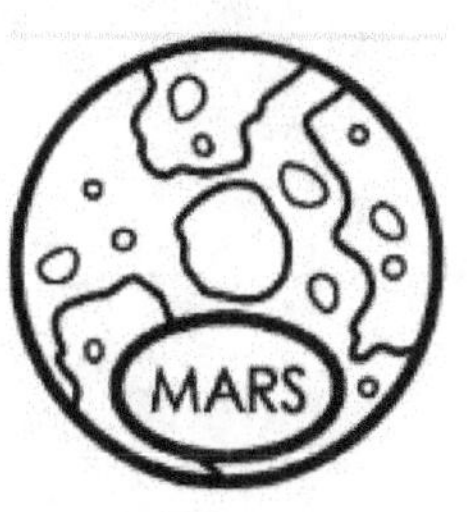
MARS

MARS

MARS

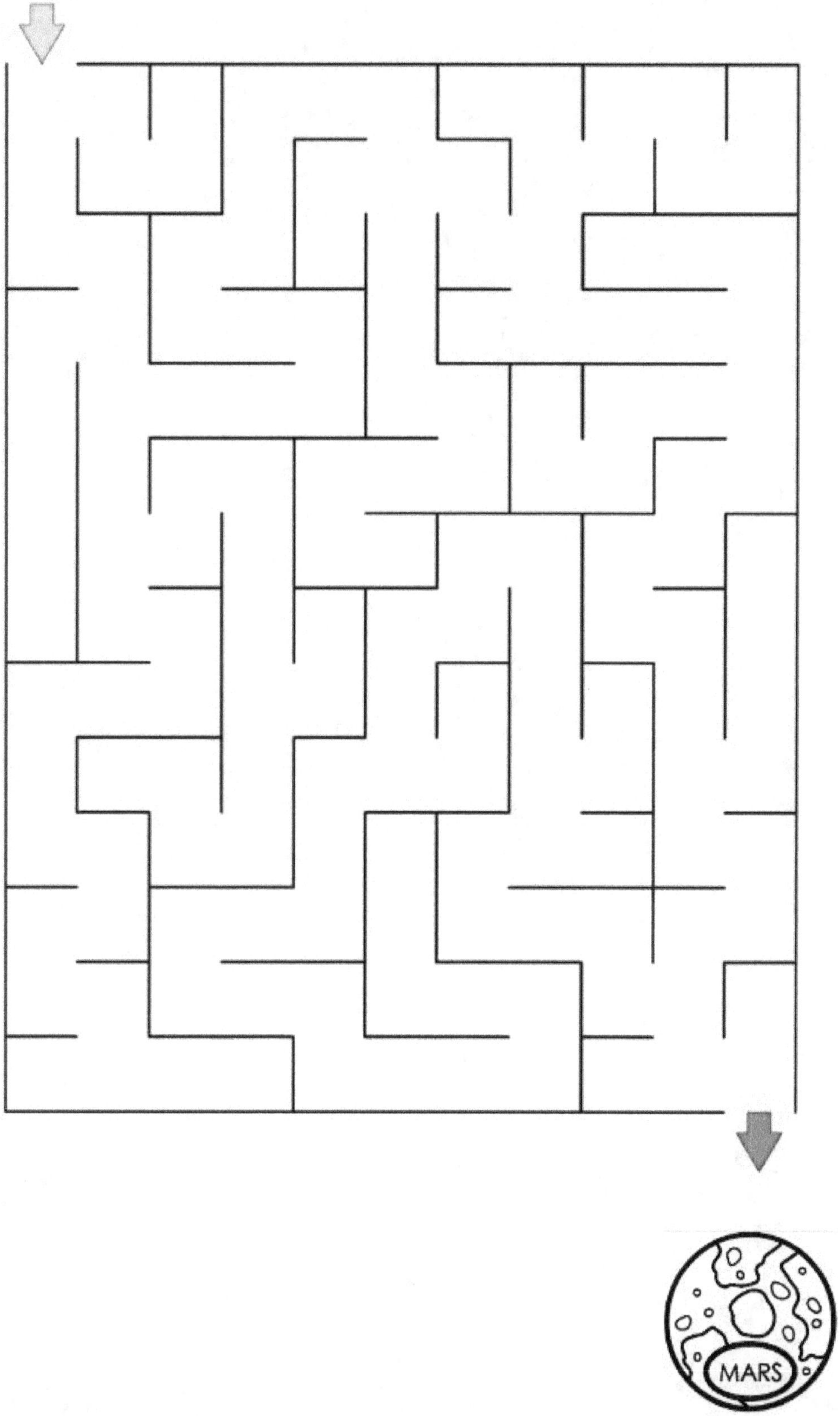

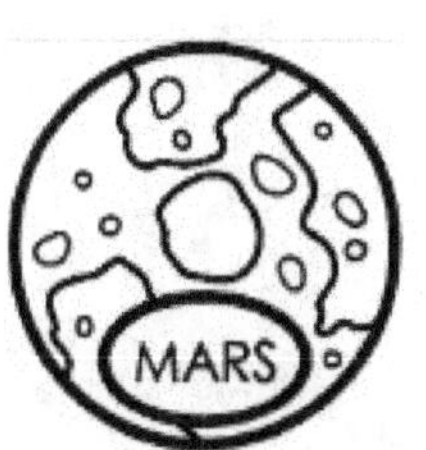
MARS

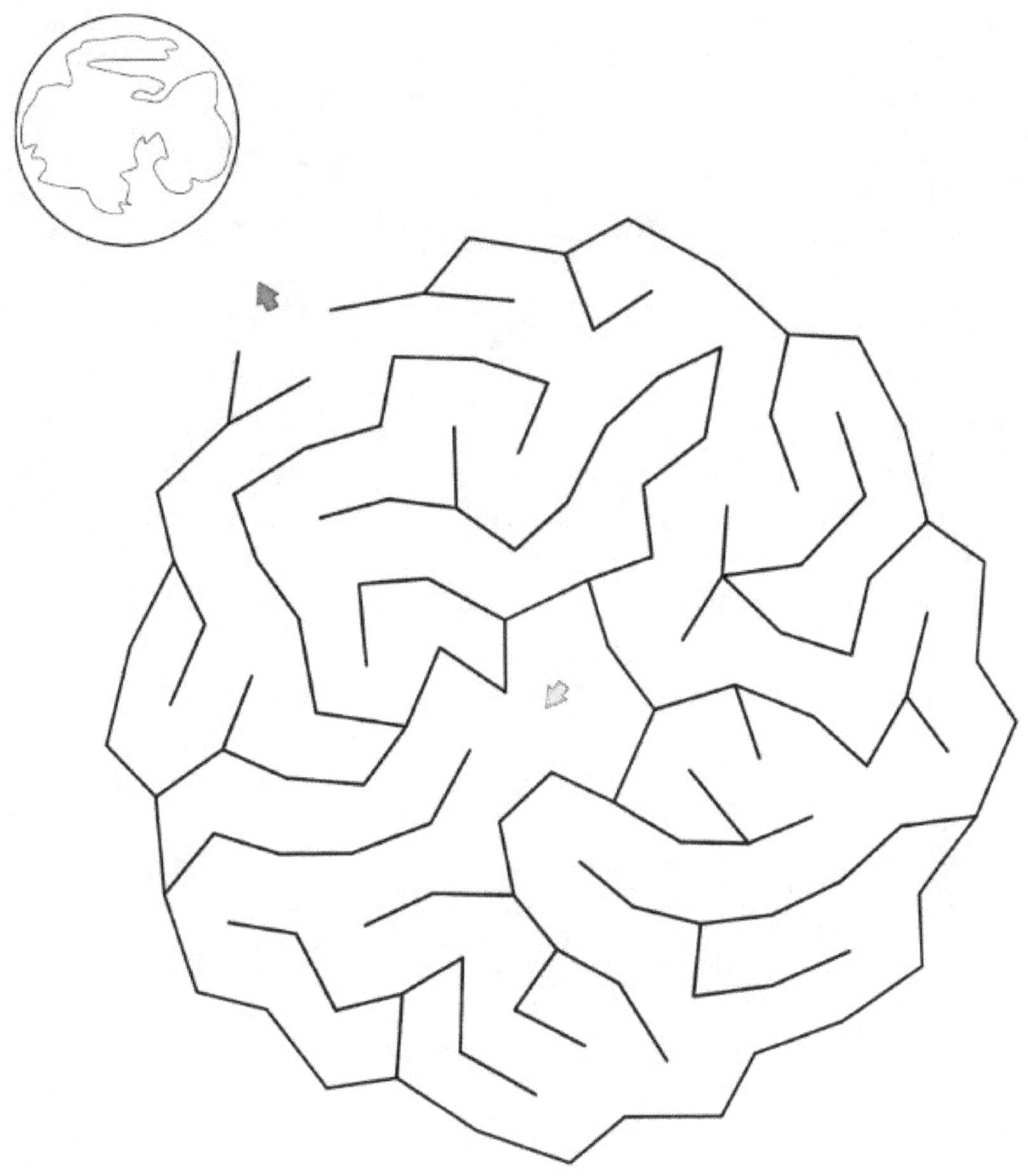

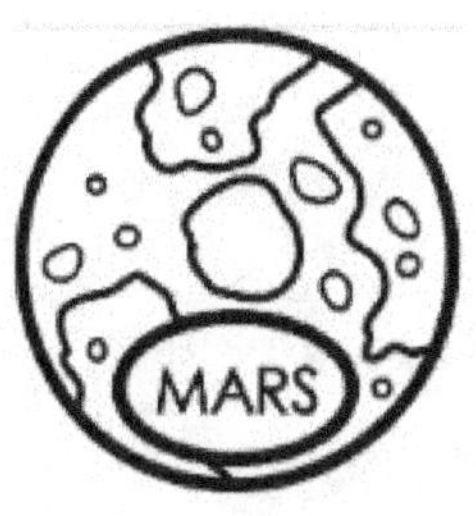

MARS

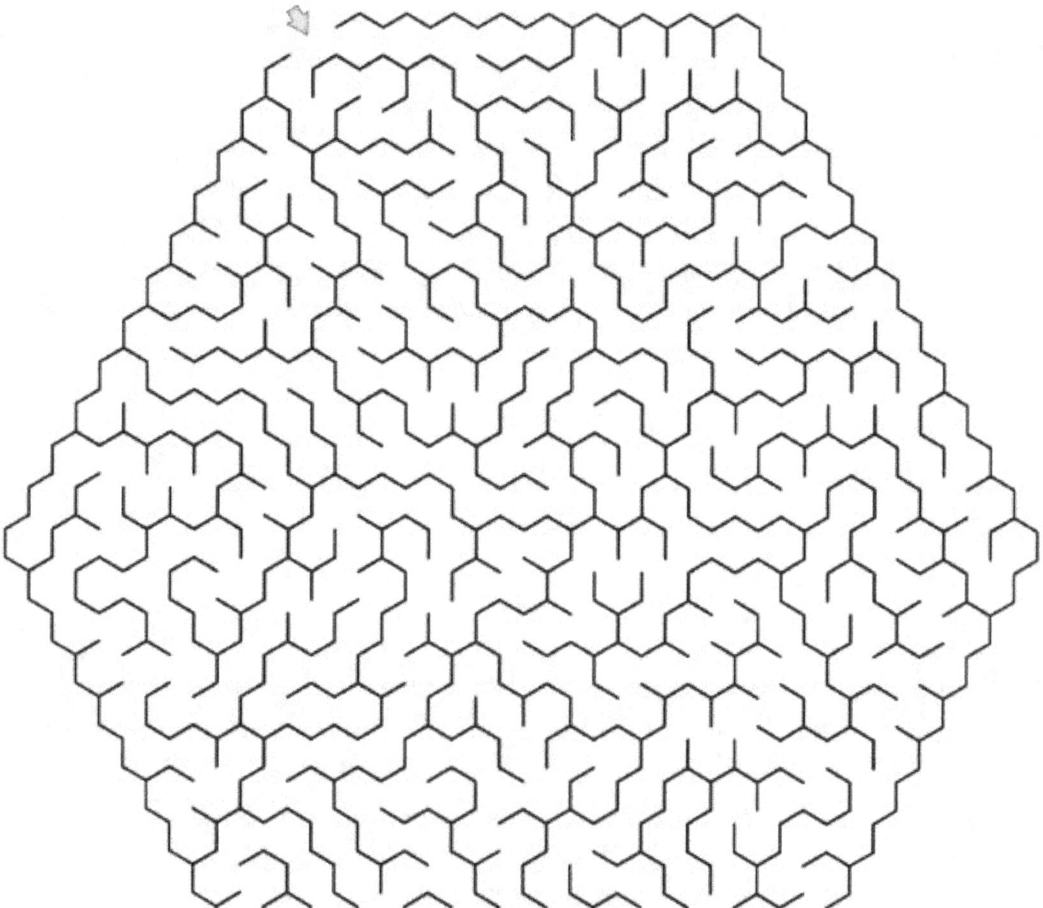

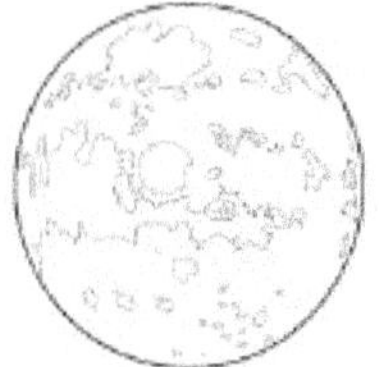

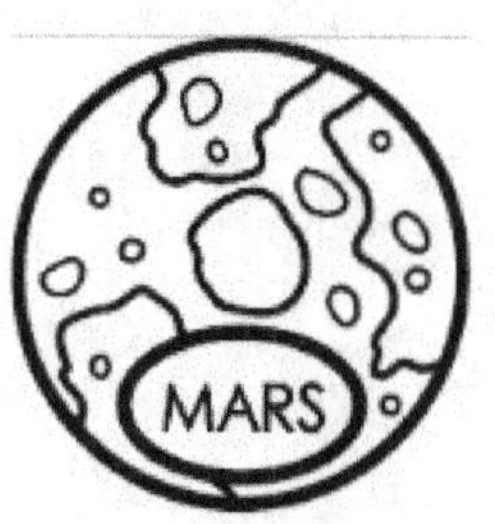
MARS

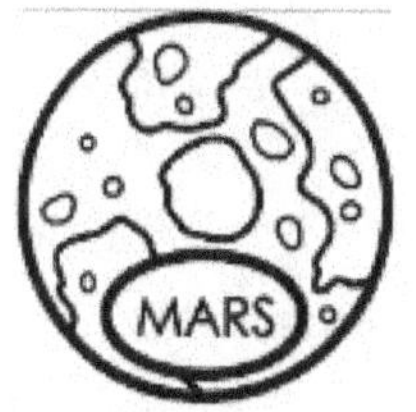

MARS

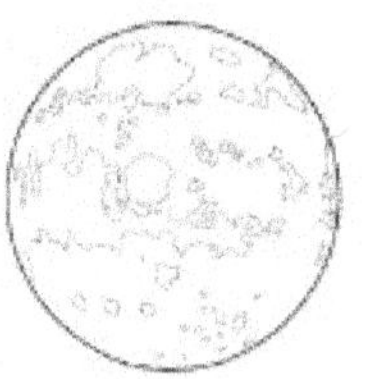

MARS

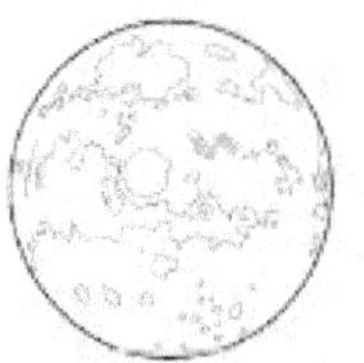

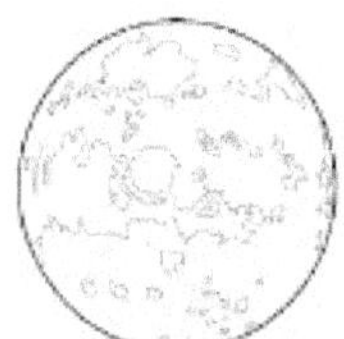

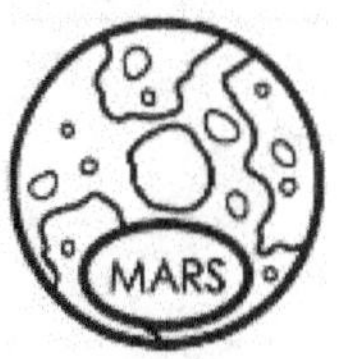

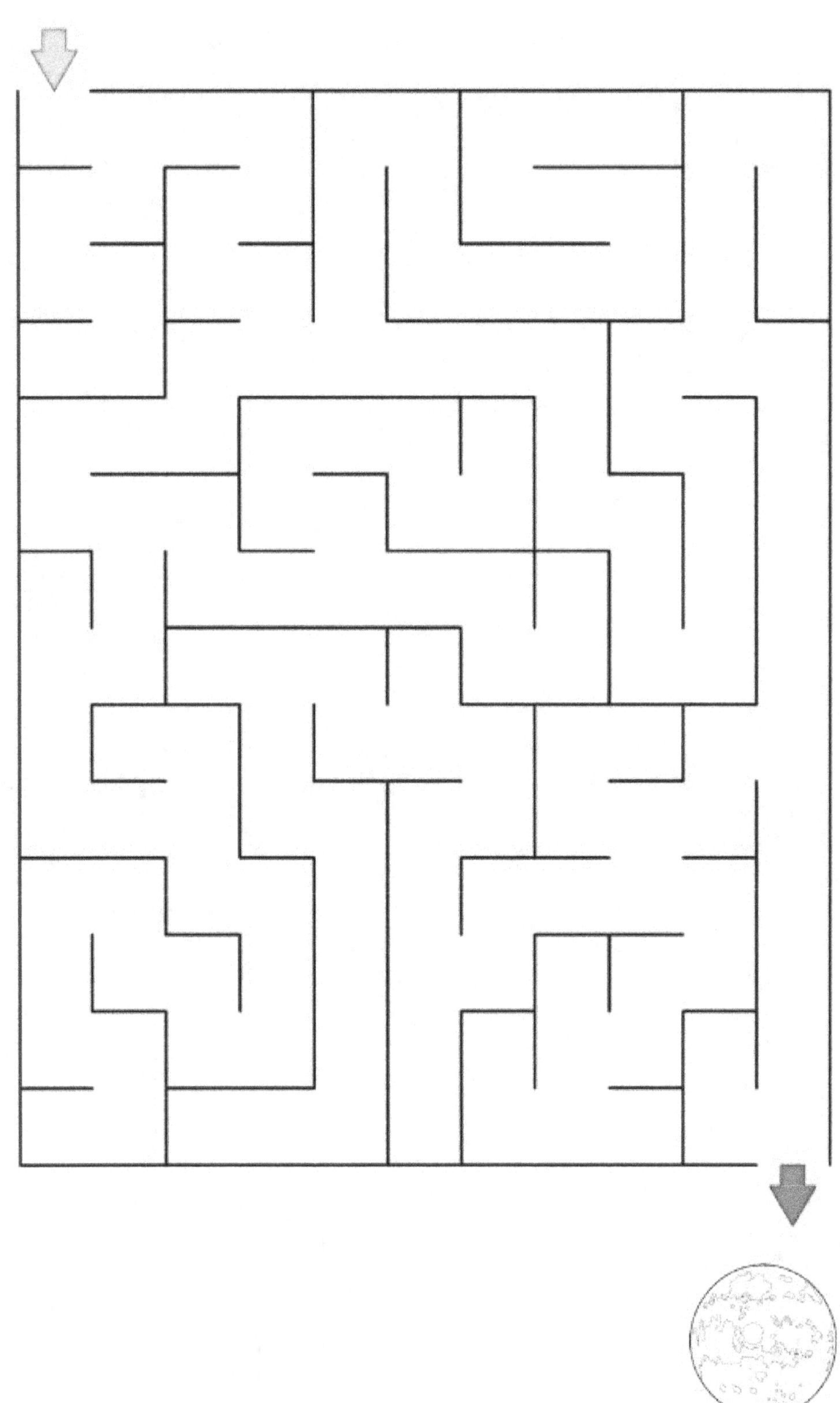

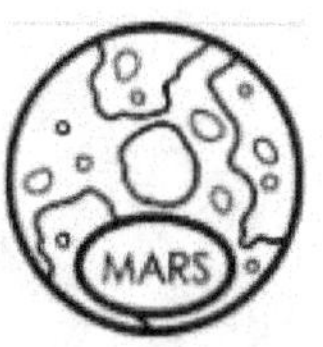

MARS

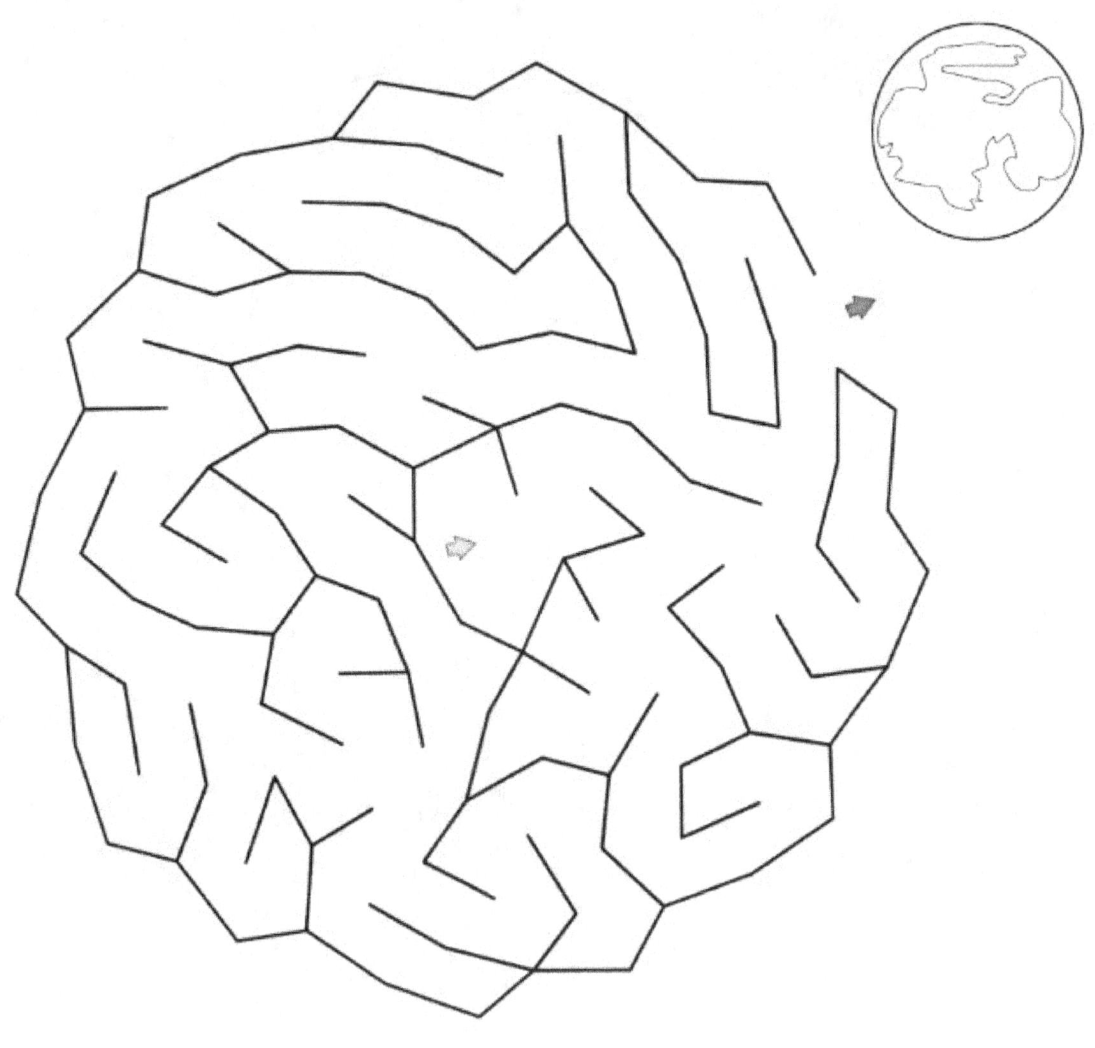

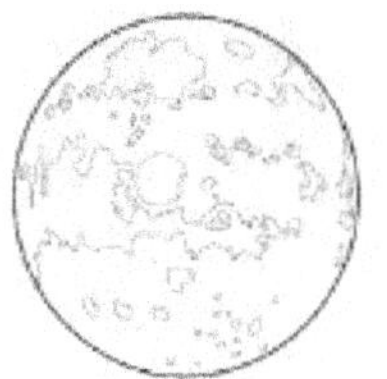

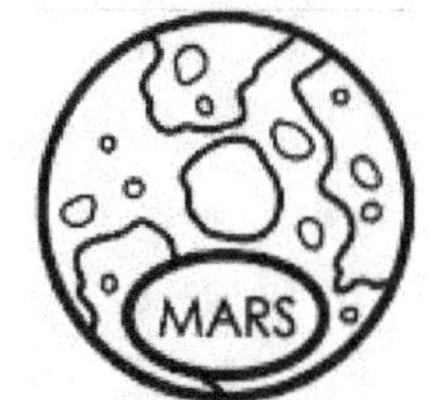

MARS

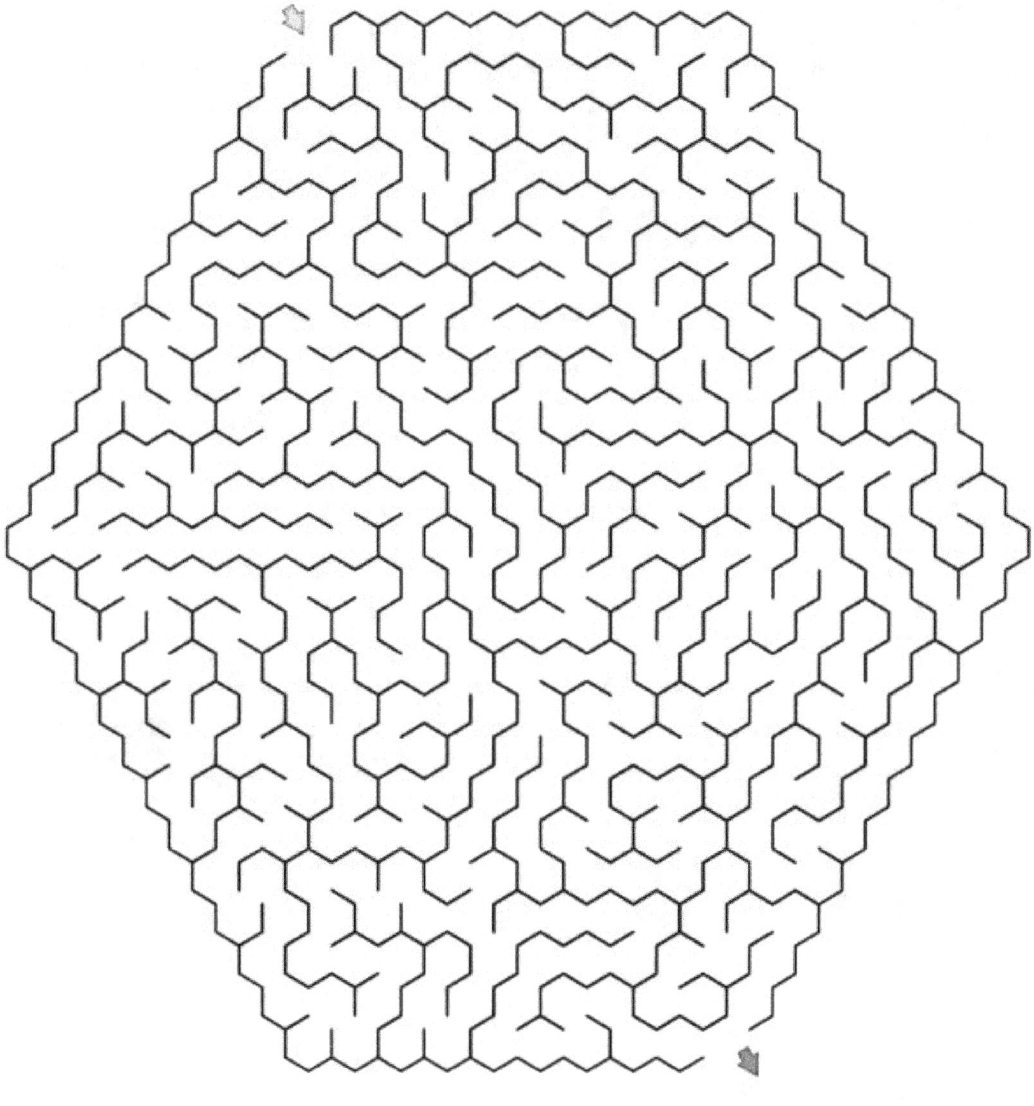

MARS

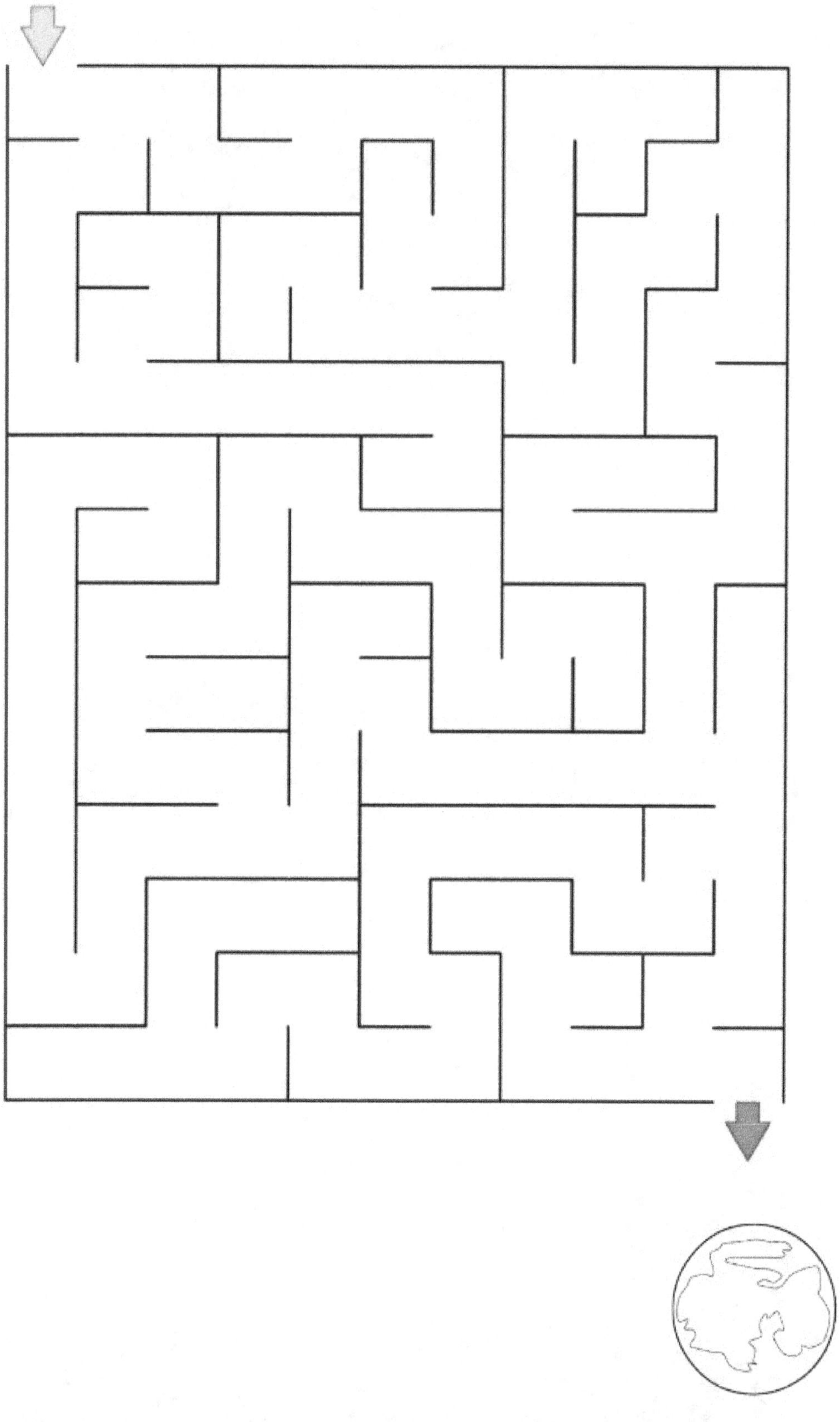

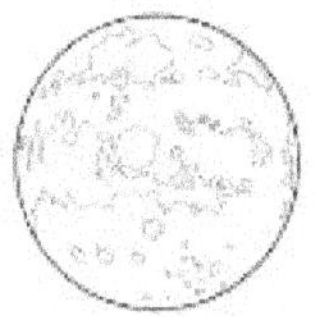

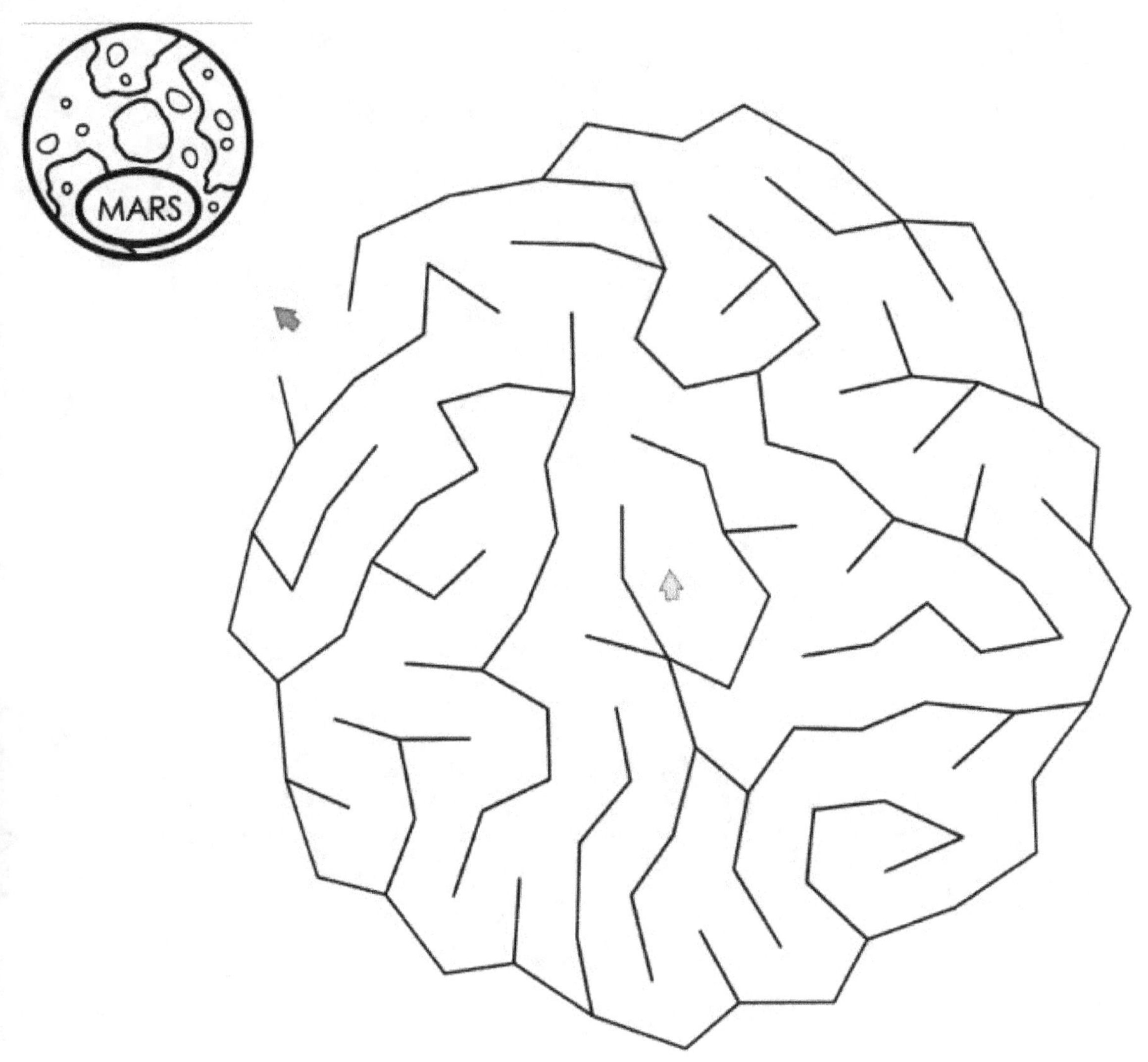

MARS

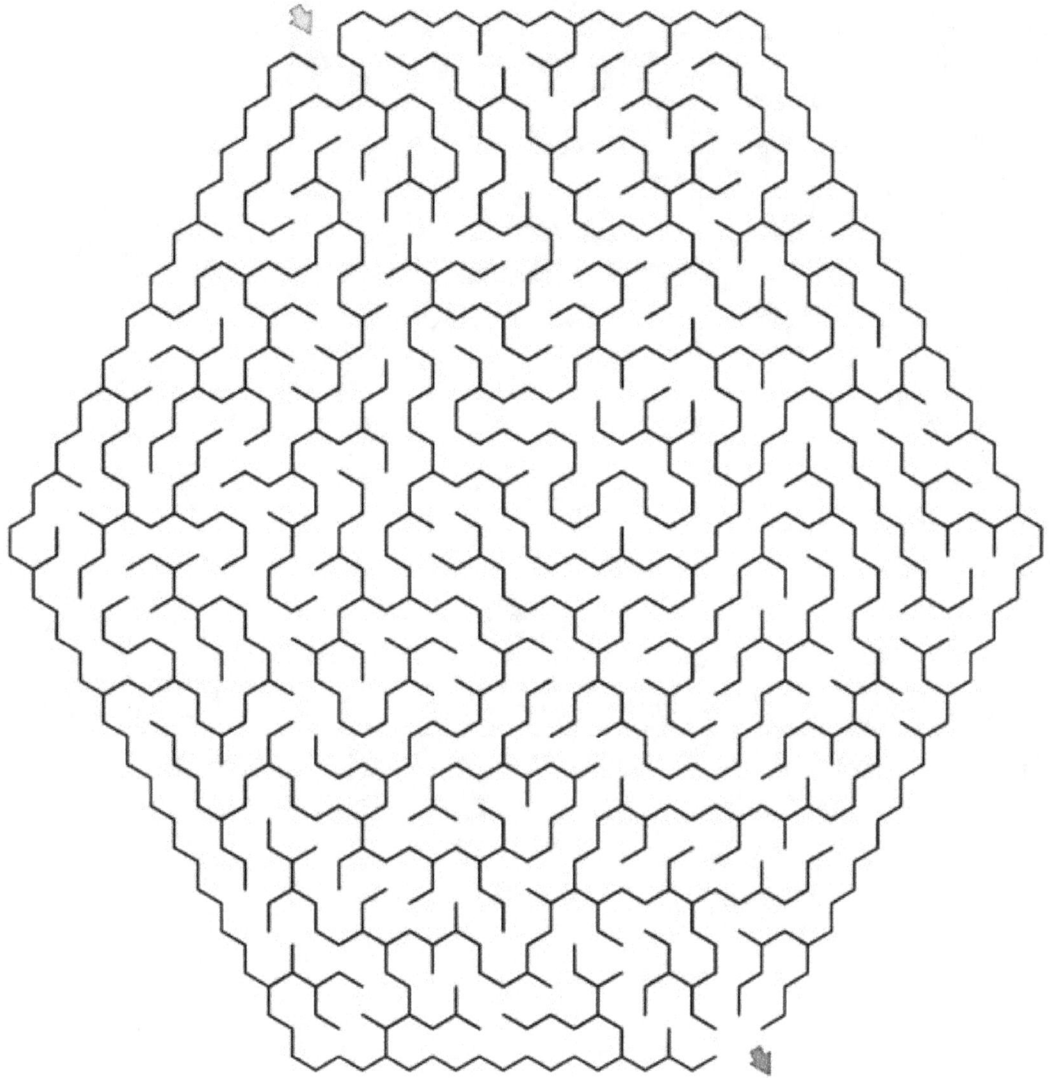

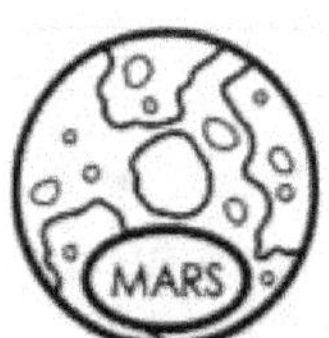